Muffelbär und Spielverderber

Geschichten vom Streiten und Versöhnen

erzählt von Elke Bräunling
mit Zeichnungen von Ines Rarisch

Lahn-Verlag Limburg

Als die Streitgeister miteinander verkracht waren

Wo Menschen wohnen, gibt es auch Streitgeister. Streitgeisterfamilien sind größer als Menschenfamilien. Da gibt es den Streithammel, den Knurrhahn, den Zankapfel, den Trotzkopf, den Tunichtgut, das Tränentier, den Petzebär, den Raufbold, den Zankteufel, die Kratzbürste und viele andere mehr.

Noch nie hat ein Mensch die Streitgeister gesehen. Trotzdem sind sie immer da. Manchmal glaubst du sie zu spüren: Du bekommst plötzlich eine Riesenlust zum Zanken. Peng! Schon kracht es, und du hast den Ärger. Weißt du, warum es bei den Menschen so oft kracht? Weil nämlich ein Streitgeist gerade Lust auf ein Späßchen gehabt hat. Doch wer ahnt das schon?

Besonders schlimm trieben es die Streitgeister bei den Maiers. Ständig gab es Krach: Einmal war Jenny am Weinen, dann trotzte Felix oder Tommi und Klaus schlugen aufeinander ein. Dann wieder lagen Tommis Legos auf dem Boden, Jennys Puppe schwamm in der Badewanne, Klaus hatte eine blutige Nase und Felix erklärte, dass er nie wieder ein Wort mit seinen Geschwistern sprechen wolle. Es war schlimm. Wenn ein Streit zu Ende war, ging es wieder von vorne los. Jeden Tag aufs Neue.

Die Maiers waren verzweifelt. Nichts half. Und oft genug bekamen Herr und Frau Maier selbst auch noch Streit. »Typisch dein Sohn!«, schrie Herr Maier, wenn er sich wieder einmal sehr ärgerte.

Das mopste Frau Maier, sie wurde rot im Gesicht und knallte die Tür hinter sich zu. Und am nächsten Tag begann das böse Spiel von vorne. Die Streitgeister dachten nicht daran, Ruhe zu geben. Weshalb auch? Es war so spaßig bei den Maiers.

Eines Tages aber gab es in der Streitgeisterfamilie Krach: »Jetzt bin ich wieder an der Reihe«, schrie der Querkopf. Die anderen Geister murrten los. »Immer du«, heulte die Heulsuse, und der Wüterich rief zornig: »Ich möchte auch öfter ärgern dürfen.«

»Wir auch«, schrien die anderen.

Der Querkopf stampfte mit den Füßen auf. »Ihr seid ja nur neidisch, weil ich am besten Streit stiften kann!«

Da stürzten sich der Zornickel und der Zankteufel auf den Querkopf. Eine wilde Keilerei begann, und auf einmal war die ganze Streitgeisterfamilie am Zanken. Sie stritten, schlugen, heulten, keiften, bissen, brüllten und warfen einander böse Worte an den Kopf, bis sie alle miteinander verkracht waren.

Das war neu, denn eigentlich streiten Streitgeister nie miteinander. Nun aber schmollte jeder mit jedem, und vor lauter Schmollen hatte keiner mehr Lust zum Familie-Maier-Ärgern.

Die Maiers wunderten sich. Wie still es auf einmal im Haus war! Kein Streiten und Heulen, niemand war beleidigt, die Zimmer waren aufgeräumt, die Kinder spielten brav miteinander, halfen in der Küche, und am Abend gingen sie freiwillig zu Bett.

Herr und Frau Maier staunten. »Ein Wunder!«, freuten sie sich.

Nach ein paar Tagen aber begannen sie zu grübeln. Was war los? Jenny, Felix, Tommi und Klaus waren ja richtige Musterkinder geworden: wohlerzogen, ruhig und brav! »Es ist richtig langweilig bei uns geworden, so ganz ohne Lärm und Krach!«, sagte Herr Maier verwundert.

Das fanden die Streitgeister auch, und irgendwann hatte der Zankapfel genug vom Schmollen. »Ein bisschen Zank wäre nicht schlecht«, dachte er, und – schwups – zog Felix auch schon seine Schwester an den Haaren. »Aua«, schrie Jenny. Sie holte aus und gab Felix eine Ohrfeige.

»Dumme Kuh«, brüllte Felix, und weil Tommi so doof kicherte, schmiss Felix Tommis Puzzlespiel durcheinander. Schon fetzte und krachte es wieder wie früher.

Wie früher? Nun, ganz so hoch hergehen sollte es nicht mehr.

Das hatten sich die Streitgeister fest vorgenommen, denn sie wussten nun, wie weh es tut, aufeinander böse zu sein.

Doch gegen ein kleines bisschen Streiten, Schimpfen und Raufen war ja wohl nichts einzuwenden, oder?

Lena und die Freundschaftspunkte

»Freundschaft«, sagte Lena eines Tages, »ist keine einfache Sache. Man muss sie sich verdienen.«
Wo sie das wieder aufgeschnappt hatte, wusste ich nicht. Auf jeden Fall ließ es ihr keine Ruhe mehr.
»Freunde gibt es eine ganze Menge«, meinte sie. »Aber wie weiß ich, wer ein echter Freund ist? Ein Freund, der auch in Notzeiten ein Freund ist?«
»In Notzeiten wirst du es schon erkennen«, meinte ich.
»Das reicht mir nicht«, sagte Lena. »Irgendwie muss man das doch auch ohne Notzeit wissen, oder?«
Lena begann nachzudenken, und ich ging alleine zum Spielplatz. Unsere Freunde Lisa, Tini, Maja, Pit, Klausi und Anna fanden es zuerst ganz lustig, dass Lena über Freunde und Notzeiten nachdachte. Dann aber ärgerten sie sich doch. Waren sie denn keine echten Freunde?
»Sie hat doch uns«, maulte Lisa. »Warum muss sie da erst nachdenken?«
Später kam Lena. Sie hatte einen Schreibblock in der Hand und eine ernste Miene im Gesicht. Überrascht starrten wir sie an, und ich hatte auf einmal ein komisches Gefühl im Bauch. Bestimmt kam sie wieder mit einer ihrer verrückten Lena-Ideen. Irgendwie ahnte ich, dass es dieses Mal keine gute Idee war.
Da legte Lena auch schon los. »Ich habe mir Freundschaftspunkte ausgedacht«, sagte sie. »Für jeden von euch. Die werde ich euch jetzt vorlesen. Dann wisst ihr, wie ihr euch bessern könnt.«
Wir lachten, aber Lena ließ sich nicht beirren, und mein komisches Gefühl im Bauch wurde stärker.
»Also«, begann Lena, »zuerst Lisa: Sie bekommt die meisten Punkte, weil sie meine beste Freundin ist. Außerdem

hat sie mich als Erste besucht, als ich Blinddarmentzündung hatte. Und als mir der Max in der Schule auf den Kopf gespuckt hat, hat sie zurückgespuckt und mitten ins Gesicht getroffen. Das war prima. Deshalb ist Lisa eine echte Freundin für Notzeiten, und sie bekommt 7 von 8 Punkten.«

Waaas? Für so etwas verteilte Lena Punkte? Nun wusste ich, warum ich so ein komisches Gefühl im Bauch hatte. Das konnte nicht gutgehen.

Und da ging es auch schon los. »Warum bekomme ich nur 7 von 8 Punkten, wenn ich deine beste Freundin bin?«, fragte Lisa weinerlich.

»Weil du letzte Woche mit Moni zum Eisessen gegangen bist«, sagte Lena streng. »Obwohl du weißt, dass ich Moni nicht leiden mag!«

Lisa heulte los. »Das ist gemein«, rief sie. »Was kann denn ich dafür, dass du die Moni nicht magst? Und außerdem, ich kann sie gut leiden!«

»Dann«, schrie Lena zurück, »bist du keine echte Freundin für Notzeiten.«

»Ich pfeif' drauf«, heulte Lisa und rannte davon.

»Mensch, Lena«, sagte ich, »musste das sein?«

Lena sah uns trotzig an. »Wenn es aber doch die Wahrheit ist!«

Dann fuhr sie fort mit ihrer Punkteverteilung, und keiner von uns kam dabei gut weg. Immerhin, Anna bekam 6 Punkte, weil sie immer Zeit für Lena hatte und weil sie ihr im Rechnen vorsagte, vor allem aber wegen dem Swimmingpool von Annas Eltern. Und wenn da nicht die Sache mit der verschlampten Musikkassette und dem doofen Kichern gewesen wäre, als Lena im Unterricht eingeschlafen war, hätte Anna 7 Punkte bekommen. Doch das mit dem Kichern, sagte Lena, sei halt nicht gut gewesen, und die Kassette hätte sie auch gerne wieder.

Anna knirschte mit den Zähnen und murmelte: »Dumme Kuh!«, und Lena strich mit finsterem Blick die 6 aus und schrieb eine 5 daneben.

Dann war Pit an der Reihe. Er bekam 5 Punkte, weil er Lena zum Eisessen eingeladen hatte. Außerdem war er mit Lena zum Hagebuttenpflücken gegangen. Aber weil er ihr dann ein paar von den juckenden Hagebuttenkernen in den Pulli gesteckt hatte, musste sie ihm einen Punkt abziehen, und die beiden anderen Minuspunkte bekam er wegen des gemeinen Geisterspuks, den er mit Klausi gespielt und Lena und mich dabei fast zu Tode erschreckt hatte. Deshalb habe Pit, meinte Lena, nur 5 Punkte verdient.

Pit war anderer Ansicht. Er grinste und meinte, dass das mit dem Spukgeist noch gar nichts gewesen sei und dass Lena sich nun sehr in Acht nehmen müsse.

Für Tini und Maja hatte Lena nur 4 Freundschaftspunkte übrig, weil sie immer miteinander tuschelten, ohne Lena in ihre Geheimnisse einzuweihen. Das sei, fand Lena, gemein und gar nicht freundschaftlich. Weil aber Maja Lenas Schultasche wiedergefunden hatte, bekam sie 4 Punkte. Auch Tini hatte sich noch 4 Punkte verdient, weil sie Lena bei der Keilerei mit Moni und Gerti geholfen und hinterher eine blutige Nase und eine zerrissene Bluse gehabt hatte.

Und außerdem hatte Tini eine Oma, die herrlich gute Apfeltaschen backen und so richtig gruselige Geschichten erzählen konnte.

Am Schlechtesten kam Klausi weg: Er musste sich mit 2 Punkten zufrieden geben, und die bekam er auch nur, weil er Lena immer beim Tischtennisspiel gewinnen ließ. Doch sonst hatte er nach Lenas Ansicht keine Punkte verdient. Er müsse froh sein, meinte Lena, wenn sie überhaupt noch ein Wort mit ihm redete, wo er doch immer nur Quatsch mache, Mädchen ärgere und »Weiber sind doof!« rufe.

Und mir, sagte Lena zum Schluss, könne sie beim besten Willen keine Punkte geben, weil ich bloß ihre Schwester sei. Als Schwester sei ich zwar manchmal in Ordnung, doch meist so unausstehlich, dass sie mich am liebsten auf den Mond schießen würde. Das würde allerdings nichts nützen, denn eine Schwester könne man sich leider nicht aussuchen.

Das war alles andere als schmeichelhaft, und ich spürte, wie ich zornig wurde. Was fiel Lena eigentlich ein? Schließlich hatte sie selber bei jedem von uns auch schon reichlich Mist gebaut! Am liebsten hätte ich ihr ein paar saftige Ohrfeigen gegeben.

Den anderen schien es ähnlich zu gehen. Und so saßen wir da, knirschten mit den Zähnen, ballten die Fäuste und überlegten fieberhaft, wie wir es Lena heimzahlen konnten.

Lena aber stand gelassen vor uns und wippte mit dem Fuß. Sie schien überhaupt nicht zu merken, wie wütend wir waren. »Na?«, fragte sie schließlich mit freundlicher Stimme. »Was sagt ihr zu meiner Idee mit den Freundschaftspunkten?«

Was wir ihr nun aber antworteten, möchte ich lieber nicht erzählen. Wir brüllten so lange auf sie ein, bis uns keine bösen Schimpfworte mehr einfielen.

»Ich will nicht mehr deine Freundin sein«, rief Maja.

»Du spinnst komplett«, grollte Klausi.

»Du bist gemein! Was haben wir dir denn getan?«, heulte Anna.

»Am besten wäre es, wenn du auf Nimmerwiedersehen verschwändest!«, schrie Tini.

»Ja, hau ab!«, riefen wir. »Und such dir deine Freunde woanders!«

Lena war beleidigt. »Da sieht man die echten Freunde«, schrie sie. »Ihr könnt die Wahrheit nicht vertragen. Mit euch will ich nichts mehr zu tun haben. Ihr seid nicht mehr meine Freunde!«

Dann stapfte sie wütend davon.

Wir aber waren so sauer, dass wir noch eine ganze Weile schimpften, redeten und diskutierten, doch irgendwann wurde uns dies alles langweilig. Wir sagten »Typisch Lena!«, und: »Soll sie doch spinnen!«, und machten uns nichts mehr daraus.

Lena aber schmollte viele Tage lang. Irgendwann erschien sie doch wieder auf dem Spielplatz und tat, als sei überhaupt nichts geschehen. Dass sie mit uns verkracht war, schien sie vergessen zu haben.

»Hey«, rief sie, »ich hab eine tolle Idee für ein Freund-schaftsspiel.«

Und sie begann sogleich, von irgendwelchen Quizfragen und Prüfungsaufgaben zu erzählen, mit denen man Freundschaft beweisen konnte. Es waren die blödesten Fragen und die verrücktesten Aufgaben, die man sich nur vorstellen kann.

Wir wussten nicht, ob wir lachen oder beleidigt sein soll-ten. Lena aber stand vor uns und redete und erklärte und fuchtelte mit den Armen und tat furchtbar wichtig. Das sah vielleicht komisch aus!

Da musste Pit lachen. Er lachte und lachte, und das war so ansteckend, dass wir alle losprusteten. Und während Lena vergeblich versuchte, uns ihr neues Freundschafts-spiel zu erklären, lagen wir auf dem Boden und krümm-ten uns vor Lachen. Und natürlich konnten wir ihr nicht böse sein. Lena war eben Lena, und ihre verrückten Ideen gehörten einfach zu ihr.

Endlich hörte Lena mit dem Erklären auf. Sie schaute uns an und schien zu überlegen, ob sie beleidigt weglaufen sollte. Dann aber musste sie mitlachen.

Später gingen wir alle zum Hexenloch und spielten Verstecken. So wie früher, ohne Freundschaftspunkte und Freundschaftsspiele.

Jana und der Zwei-Launen-Bär

Als Jana eines Tages besonders übellaunig in ihr Zimmer kommt, sitzt ein Plüschbär auf ihrem Bett. Er blickt genau so muffig drein wie Jana.

»Doof siehst du aus, du Bär!«, ärgert sich Jana. »Und griesgrämig. So ein muffiges Gesicht mag ich mir gar nicht ansehen.«

Der Bär muffelt und schweigt.

»Ein Launeverderber bist du«, schimpft Jana und vergisst ganz, dass sie sowieso schon schlechte Laune gehabt hat. »Ein Miesepeter!«

Der Bär muffelt und schweigt.

Da ist Jana so wütend, dass sie den Bären packen und an die Zimmerwand klatschen möchte.

Im letzten Moment blickt sie noch einmal auf das Bärengesicht. Es lächelt. Ganz lieb lächelt es.
Jana hält inne. »Du kannst ja lachen, du Muffelbär«, freut
sie sich und lacht zurück. »So siehst du lieb aus. Knuddel-
mäßig lieb sogar. Ja, so mag ich dich.«
Der Bär lächelt und schweigt.
Jana nimmt den Bären in den Arm und drückt ihn an sich.
»Sag, du komischer Bär, warum warst du denn vorhin so
muffig?«

Der Bär lächelt und schweigt.
Da wird Jana gleich wieder ärgerlich. »Du willst mich
wohl auf den Arm nehmen?«, ruft sie mit ihrer Schlech-
te-Laune-Muffelstimme und wirft den Bären aufs Bett
zurück.
Der Bär blickt Jana ebenfalls mit einem Schlechte-Laune-
Muffelblick an und schweigt. So vorwurfsvoll ist sein
Blick, dass Jana wieder lachen muss.

»Du bist mir einer!«, sagt sie und zieht den Bären am Ohr zu sich heran. »Sind wir wieder gut miteinander?«

Der Bär muffelt und schweigt.

»Dein Muffelgesicht mag ich nicht mehr sehen«, sagt Jana und dreht den Bären um.

Aber was ist das? Der Bär lächelt lieb und nett.

Verwundert sieht sich Jana den Bären genauer an. »Du hast ja zwei Gesichter«, staunt sie. »Ein liebes Lachgesicht vorne und ein muffeliges Griesgramgesicht hinten!«

»Du auch!«, sagt der Bär. »Manchmal bist du eine liebe Lach-Jana und manchmal eine muffelige Griesgram-Jana!«

Jana erschrickt. »K-k-kannst du sprechen?«, stammelt sie.

Der Bär lächelt und schweigt.

Jana dreht den Bären um und fragt noch einmal: »S-sag doch, k-k-kannst du sprechen, du Bär?«

Der Bär muffelt und schweigt.

»Dann muss ich das wohl geträumt haben«, sagt Jana und lacht. Dann dreht sie schnell den Bären wieder um. Heute nämlich mag sie kein muffiges Bärengesicht mehr sehen. Jetzt nämlich ist sie gut gelaunt.

»Stimmt's, Bär?«, fragt sie lachend.

Der Bär lächelt und schweigt.

Leon und seine Ur-Ur-Ur-Urgroßeltern

»Ich Deutsch! Wie du!« Leon boxt Tim in die Seite.

»Ha«, brüllt Tim und haut zurück. »Du kannst ja nicht einmal richtig Deutsch sprechen, du blöder Russe!«

Leon ist traurig. Immer wieder hänseln ihn die Kinder, weil er nicht gut Deutsch sprechen kann. Leon seufzt und murmelt etwas vor sich hin.

»Jetzt spricht er Russisch«, ruft Tim.

»Nein«, heult Leon auf. »Ich Deutsch.«

»Das hört man«, spottet Tim und lacht. Auch die anderen Kinder finden den Neuen ganz schön komisch.

Am nächsten Tag erzählt Frau Fux im Heimatkundeunterricht eine Geschichte. »Es ist eine alte, wahre Geschichte.«

»Toll!«, rufen die Kinder, und da beginnt die Geschichte auch schon.

»Vor 250 Jahren«, erzählt Frau Fux, »lebte ein König in einem kleinen Land. Er hieß Friedrich und hatte viele Pläne: Alle Leute sollten froh sein, zufrieden und satt. Das war damals nämlich nicht überall so. In vielen Ländern waren die Menschen hungrig. Der junge König sagte, es müsste niemand in seinem Land hungern, wenn die Bauern moderner wären. ›Sie müssen mehr anbauen‹, sagte er. ›Sie brauchen neue Pflanzen, einen besseren Boden und auch neue Ideen!‹ Das war nicht einfach. Die Bauern waren damals nämlich sehr altmodisch. Sie konnten nicht einmal Kartoffeln pflanzen, auch von Obst und Gemüse gab es nur wenige Sorten.«

»Oje«, stöhnt Maja, »Kartoffeln kennt doch jeder!«

»Damals«, sagt Frau Fux, »waren Kartoffeln sehr modern, und viele Bauern weigerten sich, sie anzupflanzen. Das ärgerte den jungen König, und er schickte Boten in andere Länder. Die gingen dort durch die Dörfer und riefen:

›Leute, kommt in unser Land und helft, dass alle bei uns satt werden! Zeigt unseren Bauern, wie man Kartoffeln pflanzt und Obst und Gemüse, wie man guten Käse macht und den Boden düngt! Unser König Friedrich von Preußen freut sich, wenn ihr kommt, und schenkt euch ein Stück Land.‹

So zogen die Boten durch viele Länder, und die Bauern hörten aufgeregt zu. Eigenes Land als Geschenk? Viele überlegten nicht lange, verkauften ihre Häuser, packten Möbel, Kleider, Geschirr und Haustiere auf Holzkarren und reisten in das Land von König Friedrich. Es war eine weite Reise, und die Auswanderer mussten unterwegs viele Abenteuer bestehen. Es gab keine Straßen, die Wege waren eng und steinig, führten durch dichte Wälder, über hohe Bergrücken und durch Flüsse. Und überall lauerten Räuber, die die Leute überfielen.«

»Uh«, stöhnt Anja, »wie gruselig.«

»Ja«, ruft Pit, »und weil es eine wahre Geschichte ist, ist es noch viel spannender!«

»Übrigens«, sagt Frau Fux, »Leons Ur-Ur-Ur-Urgroßeltern waren auch dabei auf dieser Reise zu König Friedrich.«

Die Kinder staunen.

»Toll«, platzt Tim heraus. Er sieht Leon bewundernd an. »Deine Ur-Ur-Ur-Urgroßeltern waren ja ganz schön mutig!«

Leon lächelt zaghaft, und Frau Fux fährt fort:

»Ja, mutig waren alle, die damals ihre Heimat verließen. Sie brauchten auch viel Mut und Kraft, denn als sie bei König Friedrich ankamen, waren sie noch lange nicht am Ziel. Der König hatte nämlich ein paar Kriege geführt und neue Länder erobert, die heute zu Polen und zu Russland gehören.«

»Ich mag keine Kriege«, meint Bille. »Ich dachte, dieser Friedrich war ein guter König!«

»Wenn er nicht gerade Kriege führte«, sagt Frau Fux, »war Friedrich ein guter König. Er hielt nämlich Wort und schenkte jedem Einwanderer Land, Geld, Werkzeuge und Saatgut, damit sie ihre Äcker bearbeiten konnten. Dann schickte er sie in alle Gebiete von Preußen. Manche lagen weit im Osten.«

»Wo heute Russland ist?«, fragt Anja. »Sind Leons Vorfahren auch dorthin gekommen?«

Frau Fux nickt. »Leons Ur-Ur-Ur-Urgroßeltern sind bis nach Ostpreußen gewandert. Auch dort hatten sie noch viele Abenteuer zu bestehen, doch das ist eine andere Geschichte. Wenn ihr wollt, erzähle ich sie euch morgen.«

»Oh ja«, rufen die Kinder.

Tim aber knufft Leon leicht in die Seite und fragt: »Hast du auch Abenteuer erlebt, so wie deine Ur-Ur-Ur-Urgroßeltern?«

Der Füller ist weg!

Sabine war zwar noch nicht lange an der Schule, aber sie hatte es schnell geschafft, alle Herzen zu erobern. So hübsch sah sie aus mit ihren blonden Locken und dem hinreißenden Lächeln. Im Unterricht war sie zwar eine Niete, außer in Sport und Französisch – aber selbst die Lehrer bekamen so etwas Helles, Warmes in ihren Blick, wenn sie Sabine sahen. Sie war der Liebling aller, und jeder wünschte sich, sie zur Freundin zu haben. Nur Anja nicht.

Anja hatte diese Neue von Anfang an nicht ausstehen können. Wo doch sie, Anja, in der Klasse bisher das Sagen

gehabt hatte. Wo doch alle mit ihr befreundet sein wollten! Früher, bevor diese dumme Sabine in die Klasse gekommen war … »Ich hasse sie«, dachte Anja. »Oh, wie ich sie hasse!«

Und ihre Miene wurde von Tag zu Tag finsterer.

Eines Tages zeigte Sabine stolz ihren neuen pinkfarbenen Füller in der Klasse herum. »Schick, nicht?«, fragte sie stolz.

Und die Klassenkameradinnen bewunderten den Füller und riefen: »Toll!« und »Echte Sahne!«

Nur Anja sagte nichts. Und weil sie sich so ärgerte, kratzte sie am Nachmittag all ihre Ersparnisse zusammen und kaufte den gleichen Füller wie Sabine. So, nun fühlte sie sich wohler! Ein bisschen freute sie sich sogar auf die Schule. Sabine würde ganz schön dumm gucken!

Am nächsten Tag aber hatte Anja plötzlich keine Lust mehr, den Füller zu benutzen. »Ist mir zu doof«, murmelte sie und ließ den Füller in ihrer Schultasche.

Dann war auf einmal Sabines neuer Füller verschwunden. »Mein Füller ist weg!«, schrie Sabine. »Wer hat meinen Füller geklaut?«

Aufgeregt fingen alle an zu suchen, aber der Füller tauchte einfach nicht wieder auf. »Er ist geklaut«, jammerte Sabine. »Mein teurer Füller!«

Geklaut? Wer sollte so etwas tun?

»Ich weiß, wer es war!«, rief Mona und deutete auf Anja. ›Sie meint mich!‹, dachte Anja erschrocken. ›Warum?‹

Und da hörte sie Monas Stimme: »Es muss Anja gewesen sein. Sie kann Sabine nicht leiden.«

Anja stockte der Atem. Das war wie ein böser Traum. Ausgerechnet Mona, die einmal ihre Freundin gewesen war … Anja nahm ihre Schultasche und hielt sie den anderen hin. »Ich war's nicht«, sagte sie. »Seht doch selbst nach.«

Im gleichen Moment fiel ihr der Füller ein, den sie am Vortag gekauft hatte, und sie spürte, wie sie rot im Gesicht wurde. »Da ist er ja!«, rief Mona auch schon und zog triumphierend den Füller aus Anjas Tasche.

»Das ist meiner«, sagte Anja leise.

»Deiner?«, rief Sabine. »Dass ich nicht lache! Du lügst!«

»Ehrlich«, versuchte es Anja noch einmal. »Ich hab mir den Füller gestern gekauft!«

Aber keiner glaubte ihr. Es war schrecklich. Alle schrien auf sie ein, drohten ihr mit den Fäusten, starrten sie hämisch und böse an. »Es ist meiner, ich schwöre es!«, rief Anja verzweifelt.

»Wenn Anja es schwört«, sagte da eine ernste Stimme, »können wir uns auf ihr Wort verlassen, nicht wahr?« Es war Herr Maurer, der Mathelehrer. Erleichtert atmete Anja auf.

»Aber wo ist mein Füller?«, fragte Sabine.

»Vielleicht hast du ihn zu Hause vergessen oder irgendwo verloren.«

»Bestimmt nicht!«

»Bist du dir ganz sicher?«

Sabine zuckte mit den Schultern. »Naja«, meinte sie verlegen.

»Vielleicht hat Sabine den Füller absichtlich in Anjas Tasche gelegt«, überlegte Mona.

»Waaas?«, rief Sabine aufgeregt. »So etwas tue ich nicht!«

»Wirklich nicht?«

Nun war es Sabine, die vor lauter Schreck ein rotes Gesicht bekam. Unsicher sah sie zu Anja hinüber.

»Es stimmt«, sagte Anja. »Sabine lügt nicht.«

»Danke«, flüsterte Sabine und drückte Anjas Hand.

Anja merkte auf einmal, wie sie richtig wütend wurde auf ihre Klassenkameradinnen, die zuerst sie und dann Sabine verdächtigt hatten. Böse starrte sie die anderen an, eine nach der anderen, und sie spürte, dass diese noch immer zweifelten. »Ihr glaubt uns nicht, nicht wahr?«, fragte sie herausfordernd. »Ist ja auch viel einfacher so! Aber auf unser Wort könnt ihr euch verlassen. Komm, Sabine, wir suchen jetzt den verflixten Füller!«

Sabine nickte, und gemeinsam verließen sie den Klassenraum.

Spieglein, Spieglein, an der Wand

Da gibt es zwei, die haben nichts als Ärger miteinander. Es sind der Sommer und der Herbst. Beide wünschen sich nichts sehnlicher als eine Antwort auf die Frage, wer der Schönste von ihnen sei. Oft stehen sie vor dem berühmten Spiegel, der – so heißt es im Märchen – angeblich sprechen kann, und fragen: »Spieglein, Spieglein an der Wand, wer ist der Schönste hier im Land?«

Wieder und wieder quälen sie den armen Spiegel mit dieser Frage, doch der schweigt.

»Mich lieben die Leute!«, prahlt der Sommer. »Ich schenke ihnen Wärme, helle Abende, Badefreuden, Barfußlaufen, Ferien, Glühwürmchen und bunte Blumenwiesen!«

»Ich«, trumpft der Herbst auf, »bin viel schöner mit meinen bunten Farben! ›Goldener Herbst‹ nennt man mich! Und silbern funkeln kann ich mit meinem Nebelkleid auch! Damit kannst du nicht dienen!«

Der Sommer schüttelt den Kopf. «Kannst du süße Beeren, Erdbeertorte, Himbeereis, frische Tomaten, Gurken und duftende Grillwürste an warmen Sommerabenden bieten? Ich, der Sommer, bin ein Fest der Köstlichkeiten!«

Da lacht der Herbst: »Die Zeit der Erntefreuden bin bekanntlich ich! Wie sehr mögen die Menschen meine Äpfel, Birnen, Zwetschgen, Trauben, Nüsse, Pilze, Kartoffeln und Feldfrüchte. Nein, mein Freund, dieses Spiel gewinne ich.«

»Ich aber …«, fängt der Sommer wieder an.

»Ach, das ist doch noch gar nichts …!«, unterbricht ihn der Herbst.

»Ja, wenn du wenigstens …!«

»Das Beste ist immer noch …!«

So streiten und streiten sie. Und um einander zu ärgern, pfuschen sie sich heimlich ins Handwerk. Oft schleicht sich der Herbst zur besten Sommerzeit heran und hüllt das Land in ein kühles Nebelgewand, um dem Sommer ein paar Sonnenstunden zu klauen. Und der Sommer verjagt an manchen Herbsttagen die Nebelfiguren und Wolkenbilder und bringt so viel Wärme zurück, dass die Leute erfreut: »Wie schön! Altweibersommer!« rufen und ihr Gesicht der Sonne entgegenstrecken.

So ärgern sich die beiden Jahr um Jahr, und es wird wohl auch immer so weitergehen, es sei denn, der berühmte Spiegel fällt endlich sein Urteil. Aber ehrlich, Spiegel sind auch nicht mehr das, was sie mal waren, oder?

Der alte Apfelbaum und der Frieden

»Keine Widerrede«, sagte Toms Vater barsch. »Der Baum wird gefällt.« Er griff zur Zeitung und tat sehr beschäftigt. Tom seufzte. Seit Tagen stritt er mit seinem Vater um den alten Apfelbaum, der an der Grenze zum Nachbarn stand. »Der Baum wirft zu viel Schatten«, schimpften die Nachbarn. »Und das viele Herbstlaub ist einfach unzumutbar!« »Ich will Frieden mit den Nachbarn haben«, hatte Toms Vater schließlich gesagt. »Der Baum muss weg.«

Tom seufzte. Was hatte der Apfelbaum mit dem Frieden zu tun? Er blickte über Vaters Schulter in die Zeitung. »Wieder hat das Waldsterben um 10 Prozent zugenommen«, stand da als Überschrift.

Wie gebannt starrte Tom auf die Schlagzeile. »Immer mehr Bäume sterben«, sagte er. »Kann man dagegen gar nichts tun?«

Toms Vater zuckte mit den Schultern. »Was können *wir* denn schon tun?«, fragte er.

»Eine Demo machen?«, schlug Tom vor.

»Waaas? Demonstrieren?«, rief Toms Vater erschrocken. »Wenn mich da jemand sieht! Nicht auszudenken! Außerdem bringt das nichts!«

Erstaunt sah Tom seinen Vater an. »Fürchtest du dich etwa?«, fragte er.

»Ich? Angst?« Toms Vater lachte, doch irgendwie, fand Tom, klang dieses Lachen anders als sonst.

»Aber du hast Angst vor den Nachbarn!«, bohrte Tom weiter.

»Unsinn!«, brummte Toms Vater. »Das ist etwas ganz anderes. Und nun will ich nichts mehr hören.«

»Ich kann mir unseren Garten ohne den alten Apfelbaum nicht vorstellen«, versuchte es Tom noch einmal.

Doch sein Vater hörte nicht mehr zu.

Tom war wütend und traurig. Er verstand seinen Vater nicht. Ob das der rechte Weg zum Frieden war? Und was trugen die Nachbarn dazu bei?

Tom ging in den Garten und umarmte den Stamm des Apfelbaumes. Warum musste ein Baum für den Frieden herhalten? Bäume waren doch so wichtig für die Luft! Darüber hatten sie in der Schule gesprochen. Ein Baum, hatte er gelernt, ist eine Welt für sich. Er bietet Nahrung und Schutz für viele Tierarten: für Läuse, Käfer, Raupen, Spinnen, Vögel und Eichhörnchen.

Neugierig untersuchte Tom den Baum. »Toll«, murmelte er ehrfurchtsvoll. »Wie viele Tiere wohnen bei dir?« Er sah zum Baumwipfel hinauf. Dort saß das Amselpärchen, das seit einigen Jahren sein Nest hier baute und seine Jungen großzog. Was war das immer für ein lustiges Gezwitscher! Tom erinnerte sich an die ersten Ausflüge der Amselbabies, an ihre ersten unbeholfenen Flügelschläge, das angstvolle Piepsen. Was geschah nun mit den Amseln und all den anderen Tieren? Ohne den Baum würde es sie nicht mehr geben. Und nur, weil Vati Frieden mit den Nachbarn haben wollte?

»Nein«, rief Tom, »das ist ein falscher Frieden!«

Er lief ins Haus und zog seinen Vater hinaus zum alten Apfelbaum. »Sieh!« Tom zeigte auf die Käfer, die hier herumkrabbelten, auf die Hummeln und Amseln. »Was wird aus ihnen, wenn du den Baum fällst? Werden sie auch sterben?«

»Hm!« Nachdenklich betrachtete Toms Vater die kleine Apfelbaumwelt.

»Ist das der Preis für den Frieden?«, fragte Tom.

Sein Vater schwieg, doch es lag so etwas wie Bewunderung in seinem Blick. »Du gibst wohl nie auf?«, fragte er.

Tom grinste.

»Frieden«, murmelte Vater, »hat einen hohen Preis.«

»Und warum muss man seinetwegen immer Angst haben?«, fragte Tom.

»Du hast Recht!« Sehr nachdenklich war Vater geworden. »Lass uns überlegen, wie wir es besser machen können, und zwar so, dass die Nachbarn und auch wir zufrieden sind.«

»Und ohne Angst voreinander«, rief Tom.

Sein Vater lächelte. »Richtig. Ohne Angst voreinander.«

»Ich habe eine Idee«, meinte Tom. »Wir könnten den dicken Zweig, der so viel Schatten wirft, absägen. Und im Herbst werde ich im Nachbarsgarten das Laub wegkehren.«

Sein Vater nickte. »Ein guter Anfang«, meinte er, dann lachte er. »Du Faulpelz willst freiwillig kehren? Du rührst doch sonst keinen Finger im Garten!«

Tom nickte eifrig. »Das Laub häufe ich hinter den Büschen zusammen. Dort können dann viele Tiere überwintern. Das haben wir nämlich auch in der Schule gelernt.«

Nun lachte sein Vater nicht mehr. »Klingt gut«, sagte er, und Tom glaubte, so etwas wie Stolz in seiner Stimme zu hören. »Dazu kann man ja gar nicht nein sagen. Am besten, wir gehen gleich hinüber zum Nachbarn und unterbreiten ihm unser Friedensangebot.«

Ein Glück für das Sparschwein

Auf Michas Regal standen so viele Spielsachen, dass sich unter ihrer Last die Bretter bogen.

»Wir sind zu viele«, knurrte der Plastikdino.

»Recht hast du«, bestätigte Big-Turtle. »Einige von uns sind hier überflüssig.«

»Jawohl!«, brüllten die Weltraumhelden. »Weg mit all dem altmodischen Kram!«

»Meint ihr uns?«, fragten die Schmusetiere ängstlich.

»Viel Platz braucht ihr schon!«, sagte der Dino. »Und du, Kasper, liegst mit deinen Kumpanen bloß nutzlos hier herum.«

Kasper und seine Freunde, der Räuber, der Polizist, Gretel und Großmutter, protestierten: »Wir lassen uns nicht vertreiben! Oh nein!«

Laut ging es zu auf dem Regal.

Nur das Sparschwein schwieg. Es war so vollgefüttert, dass keine Münzen mehr in seinen Bauch passten. Schon fingen die Spielsachen an zu stänkern.

»Du, Sparschwein«, sagte der Dino, »wirst uns auch bald keinen Platz mehr klauen!«

»Stimmt«, lachte Big-Turtle, »mit dem Hammer wird Micha – bum, patsch – deinen Fettbauch aufschlagen.«

»Und mit dem Geld kauft er sich neue Autos!«, riefen die Matchboxautos.

»Oder Dinos!«, sagte der Dino.

»Nein, Überraschungseier«, riefen die Überraschungseier-Figuren.

Die Spielsachen hatten noch viele Ideen. Das arme Sparschwein aber fühlte sich sehr elend. Jedes Mal, wenn Micha ein Geldstück in seinen Bauch warf, zuckte es zusammen. Wann würden die Münzen im Schlitz stecken bleiben?

Eines Tages kam Micha mit einem Korb. »Heute ist Flohmarkt«, sagte er.
»Jetzt wird die Geldsau geschlachtet!«, lästerten die Spielsachen. »Micha braucht Geld, um sich neues Spielzeug zu
kaufen!«

Geschlachtet? Ängstlich wartete das Sparschwein auf den Hammerschlag.

Aber nichts! Micha griff in das Regal, legte ein Spielzeug nach dem anderen in den Korb und murmelte: »Brauch' ich nicht mehr!«

Am Ende blieben nur noch das Sparschwein, der alte Teddy, der Plüschelefant, die Kasperlefiguren und drei Blechautos übrig. Der Plastik-Dino aber lag mit weit aufgerissenen Augen im Korb und blickte recht dämlich drein.

Am Abend kehrte Micha zufrieden vom Flohmarkt zurück. Im Korb lag immer noch der Dino und glotzte noch blöder als zuvor. »Keiner wollte mich kaufen!«, nuschelte er kleinlaut. Der großmäulige Kerl verstand die Welt nicht mehr und heulte fast: »Ich bin ein Ladenhüter, sagt unser Micha!«

»Die Letzten werden die Ersten sein!«, kicherte der Teddy. »Bei Dinos stimmt das Sprichwort aber nicht«, lachte das Sparschwein so fröhlich wie schon lange nicht mehr. Noch mehr aber freute es sich, als Micha eine Glaskuh mit Münzschlitz aufs Regal stellte. »Die ist vom Flohmarkt«, erklärte er und warf – klick, klick, klick – sein verdientes Flohmarktgeld in den Bauch der Kuh.

Wie froh war da das Sparschwein! Noch mehr Geldstücke hätte sein Bauch nämlich wirklich nicht vertragen.

Jan und Max haben Krach

Im Sandkasten tobt ein wüster Kampf. Jan hat Max beleidigt. »Doofkopf«, hat er gesagt, »das Städtequiz kapierst du nie!«

Max kocht vor Wut. »Das kapier' ich wohl, du Affe!«, schreit er zurück, und vor lauter Ärger haut er Jan gleich eine über den Kopf.

»Aua!«, brüllt Jan. Wütend stürzt er sich auf Max, und die beiden prügeln los. Mal liegt der eine oben, mal der andere. Ihre Kleider sind über und über mit Blut und Sand beschmutzt. Max' Nase blutet, Jan hat ein blaues Auge.

»Ich sag's meinem großen Bruder«, schreit Jan. »Der haut dich windelweich.«

»Und ich sag's meinem großen Bruder«, brüllt Max zurück. »Der ist viel stärker als deiner.«

Und heulend rennen beide nach Hause.

»Dein kleiner Bruder ist ein Dummkopf«, sagt später der große Bruder von Jan zum großen Bruder von Max. »Der hat ganz laut ›Hier!‹ geschrien, als der liebe Gott Punkte für Blödheit verteilt hat.«

Da brüllt der große Bruder von Max: »Wenn ich so einen kleinen Dussel-Bruder wie du hätte, würde ich mein Maul nicht so weit aufreißen.«

Der große Bruder von Jan rast auf den großen Bruder von Max zu. Peng! Beide prügeln aufeinander los. Und da geht es viel blutiger zu als bei Max und Jan.

Weil die beiden großen Brüder nun auch schmutzig und blutend nach Hause kommen, fangen die Mütter an, sich zu ärgern.

»Unverschämtheit!«, schreit die Mutter von Jan.

»Gemeine Schlägerbande!«, schimpft die Mutter von Max.

Sie ärgern sich so sehr, dass sie sich gehörig die Meinung sagen und einander viele böse Dinge an den Kopf werfen. Wenn sich die beiden Mütter nun begegnen, sehen sie weg. Wenn sich die beiden großen Brüder begegnen, ballen sie die Fäuste und starren sich böse an. Wenn sich Jan und Max begegnen, ist es wie immer.

»Was machen wir heute?«, fragt Jan, und Max schlägt vor: »Wollen wir Städtequiz spielen?«

Streiten ist gemein

Der kleine Streithahn fühlte sich unwohl. Ab heute nämlich sollte er erwachsen sein, als Streithahn seine Pflicht
erfüllen und Streit und Unfrieden stiften. Damit aber
hatte er wenig im Sinn.

»Streiten ist gemein«, maulte er.

»Wir sind aber zum Streiten da!«, sagte Papa Streithahn.
»Und jetzt ist es an der Zeit, dass auch du deine Arbeit
tust. Lange genug hast du die teure Streitschule besucht.«
Und er erklärte dem kleinen Streithahn, dass er beschlos-
sen hatte, ihn für die nächsten Jahre in das Hochhaus im
Eulenweg zu schicken.

»Es ist höchste Zeit, dass einer von uns dort einzieht«,
sagte er. »Ab heute bist du für das Haus verantwortlich!
Tu deine Arbeit sorgfältig! Es gibt eine Menge zu tun. In
diesem Haus geht es mir nämlich viel zu lieb und nett
zu.« Er schüttelte sich vor Grauen. »Stell dir vor, die Be-
wohner sind niemals unfreundlich zueinander! Sie grüßen sich und helfen einander, und gestern – huhuhu ...!«
Streithahnpapa krümmte sich vor Entsetzen. »Gestern
haben sie sogar gemeinsam ein Fest gefeiert! Keinen Streit
hat es gegeben, keinen Ärger, keinen Neid! Nichts! Sag,
mein Sohn, ist das nicht grässlich?«

Der kleine Streithahn zuckte ratlos mit den Schultern. »Ich
find's schön, wenn die Leute nett zueinander sind!«,
meinte er kleinlaut. »Mir gefällt das!«

Da heulte Streithahnpapa laut auf.

»Was sagst du? Oje, oje, oje! Was habe ich falsch gemacht?
Friedliche Worte aus dem Munde meines Sohnes! Was für
eine Schande!«

Er packte den kleinen Streithahn und knurrte mit grimmi-
ger Miene: »Du wirst dich von nun an wie ein richtiger

Streithahn benehmen! Haben wir uns verstanden? Noch heute ziehst du ins Eulenweghochhaus und tust das, was du in der Streitschule gelernt hast!«

»Nein! Nein! Nein!«, schrie der kleine Streithahn und stampfte mit den Füßen auf. »Ich will nicht streiten. Ein ganz gemeiner, ekliger, blöder Papa bist du.«

Und mit hochrotem Ärgergesicht prügelte er heftig auf seinen Vater ein. »ICH WILL NICHT STREITEN!!!«, brüllte er. »Kapier das endlich, du doofer Streithahnpapa, du!«

Der kleine Streithahn schimpfte und wütete, tobte und zankte in einem fort. Er konnte gar nicht mehr damit aufhören.

Sein Vater aber nickte anerkennend mit dem Kopf. »Nicht schlecht! Für einen, der nicht streiten mag, machst du deine Sache wirklich sehr gut! Weiter so!«, sagte er schließlich und grinste. »Und nun ab mit dir zum Eulenweg!«

Au weia!

Kleinlaut trollte sich der kleine Streithahn zu seiner neuen Heimat, dem Eulenweghochhaus.

›Nie mehr werde ich so böse streiten wie eben‹, nahm er sich unterwegs vor. ›Ganz lieb werde ich sein und dafür sorgen, dass alle Leute im Hochhaus nett zueinander sind. Jawohl, so werd' ich es machen. Streithahnpapa wird sich wundern!‹

Voller Eifer machte der kleine Streithahn einen Luftsprung und stolperte dabei über eine Katze, die schläfrig in der Sonne lag.

»Pass doch auf, du blödes Vieh!«, brüllte der kleine Streithahn mit zornrotem Kopf. »Wie kannst du bloß so dämlich hier herumliegen? Ich werde ...!«

Oha! Wie war das mit dem Streiten, kleiner Streithahn?
Aufgepasst!

Schlechtwetterlaunen

Es regnete »Hunde und Katzen«. Kerstin, Anne und Martina saßen am Fenster, zählten die Regentropfen und langweilten sich. Sie wollten so gerne eine Hütte bauen, draußen bei den Weiden. Doch nun regnete und regnete es. Es war zum Grausen!
»Morgen wird das Wetter besser«, sagte Kerstin.
»Dann bauen wir unsere Hütte!«, rief Anne.

»Und wir spielen Hüttenfamilie«, bestimmte Martina. »Ich bin der Vater, Kerstin die Mutter, und Anne ist das Kind.«

»Ich will aber nicht Kind sein!«, maulte Anne. »Da muss man artig sein und früh schlafen gehen.«

»Du bist die Jüngste«, bestimmte Martina. »Also bist du das Kind!«

»Ihr seid gemein!«, schluchzte Anne und rannte davon.

»Alles wegen deiner doofen Hüttenfamilie«, meckerte Kerstin. »Ich spiel' lieber mit meinen Brüdern.«

»Und du kannst mich auch mal!«, schrie Martina ihr wütend hinterher.

Peng! Schon hatten sie den schönsten Krach!

Am nächsten Tag schien die Sonne, und Martina blickte sehnsüchtig zu den Weiden hinüber. Eine tolle Hütte hätte man dort bauen können, wenn dieser dumme Streit nicht wäre! Kerstin und Anne fühlten sich auch nicht besser. Kerstin stritt sich mit ihren Brüdern herum, und Anne hockte gelangweilt im Sandkasten. Jede hätte am liebsten »Lasst uns wieder gut sein!« gesagt. Doch das war so schwer!

›Bei den Weiden ist es jetzt bestimmt schön‹, dachte Martina.

›Brüder sind eine rechte Landplage‹, ärgerte sich Kerstin, und Anne wünschte sich nichts sehnlicher, als ein kleines liebes Hüttenfamilienkind zu sein.

Und so schlichen sie zu den Weiden und hofften, dass eine den Anfang machte und »Tut mir leid!« sagte.

Anne schielte verstohlen zu Martina und Kerstin, Kerstin zu Anne, und jede wartete und hoffte. Längst hatte sich die Sonne unbemerkt hinter dicken Wolken verkrochen. Rrrummms! Auf einmal donnerte es! Laut und furchterregend. »H-h-hilfe, ein Gewitter!«, schrie Martina.

»Ich hab Angst«, heulte Anne.

»Nix wie weg!«, stöhnte Kerstin.

Eilig zwängten sich die drei Streithähne ins nahe, rettende Telefonhäuschen. Direkt über ihnen war das Gewitter nun. Kerstin, Martina und Anne zitterten und drückten sich ganz fest aneinander. Fast lauter als das Donnern klopften ihre Herzen. Ob sie nun wieder gut miteinander waren?

Fragend blickten sie sich an, mussten grinsen und kuschelten sich noch ein bisschen enger aneinander, obwohl es mittlerweile gar nicht mehr so laut donnerte. »Morgen bauen wir endlich unsere Hütte«, beschlossen sie glücklich. Ach, wie schön war es, gute Freundinnen zu haben!

Am nächsten Tag regnete es »Hunde und Katzen«. Griesgrämig blickten Kerstin, Anne und Martina aus dem Fenster.

Sie schimpften und langweilten sich.

»Eigentlich«, meinte Jule auf einmal, »müssen wir nicht Hüttenfamilie spielen, oder?«

Die anderen schüttelten den Kopf. Nein, eigentlich nicht. Aber was denn?

»Spielen wir doch Krankenhaus!«, schlug Martina vor. »Ich bin der Doktor, Kerstin ist die Krankenschwester und Anne die Kranke.«

Anne fing an zu heulen. »Ich will aber nicht die Kranke spielen! Immer muss ich ...!«

NEIN, NICHT SCHON WIEDER ...!!!

Pit will tot sein

Pit ist traurig und wütend. »Am liebsten wäre ich tot«, murmelt er und starrt auf die Filzstiftflecken an der Tapete. »Dann würden sie merken, wie sehr sie mich brauchen.«

Ja, die Idee gefällt ihm. Ganz schön öde würde es sein ohne ihn. Kein Pit, der morgens frische Brötchen kauft, kein Pit, der Uta bei den Rechenaufgaben hilft und auch kein Pit, der auf das Baby aufpasst. Überhaupt keinen Pit mehr würde es geben. Er würde allen schrecklich fehlen. Traurig würden sie sein. Sie würden weinen und bedauern, dass sie so gemein zu ihm gewesen waren, dass sie ihn nicht richtig lieb gehabt hatten. Papa, Mama, Uta, die Großeltern und auch seine Freunde.

Es ist schön, sich auszumalen, wie traurig alle sein würden: Papa würde ein schlechtes Gewissen haben, weil er

nie Zeit für Pit gehabt hat. Mama würde weinen und immerzu weinen. Und es würde ihr leid tun, dass sie noch das Baby bekommen hat, ohne ihn, Pit, zu fragen. Und Uta, diese gemeine Schwesterschlange, würde es bereuen, dass sie ihn verpetzt hat. Wo er doch wirklich nicht mit Absicht das Colaglas auf Papas Schreibtisch umgeworfen hat! Aber das ist jetzt alles egal.

Pit schließt die Augen und stellt sich vor, wie alle mit tränennassen Augen an seinem Grab stehen und bereuen. Gut kann sich Pit das vorstellen, und vor lauter Vorstellen muss er selbst ein wenig weinen.

»Eigentlich schade«, schluchzt er, »dass ich das dann alles nicht mehr selber hören kann. Wirklich schade.«

Pit seufzt. Dann hat er eine andere Idee. Muss er denn gleich tot sein? Genügt es nicht, wenn er erst mal nur krank ist und alle an seinem Bett stehen und Angst um ihn haben? »Pit!«, würden sie rufen. »Lieber, lieber Pit! Werde wieder gesund! Wir haben dich doch so lieb!«

Nicht schlecht. Denen würde er mächtig etwas vorstöhnen. Aber halt! Krank sein kann auch wehtun! Pit muss an Alexander denken, der sich das Bein gebrochen hat. Oder Sara: Seit fünf Monaten liegt sie im Krankenhaus, und die Lehrer gucken immer ganz ernst, wenn sie von ihr sprechen. Ob sie jemals wieder ...?

Nein. Pit schüttelt sich. Krank sein ist keine gute Idee. Aber was sonst? Was soll er denn jetzt tun? Wenn doch nur einer zu ihm ins Zimmer käme! Mama, Papa oder wenigstens Uta! Aber die sitzen drüben vorm Fernseher und sind böse auf ihn. Wegen der Colaflecken. Und er, Pit, ist hier ganz allein und traurig und wütend und ...

Da hört er auf einmal das Baby weinen. Zögernd geht Pit ins Kinderzimmer.

»Du musst nicht weinen«, flüstert er und nimmt das Baby auf den Arm. »Ist alles gut. Ich bin doch bei dir.«

Er küsst das Baby auf die Wange und geht mit ihm zu seiner Familie. »Das Baby«, sagt er entschuldigend, »es weint.«

Mama springt auf und nimmt ihn und das Baby in den Arm.

»Danke«, sagt sie und drückt Pit noch ein bisschen fester an sich. »Wenn ich dich nicht hätte ...«

Gleich kommt Papa

»Räum deine Sachen vom Tisch, Tobi!«, rief Mutti. »Gleich kommt Papa! Und du, Anna, hilf mir beim Salatputzen. Du weißt ja, wenn Papa kommt, muss das Essen auf dem Tisch stehen. Ach, und Papa hat heute Kegelabend. Hol doch rasch seine Kegelschuhe aus dem Keller, Tobi! Oh, und dann muss ich noch nachsehen, ob alles aufgeräumt ist ...«

Aufgeregt rannte Mutti durchs Haus, öffnete alle Türen und sah prüfend hinein. »Gott sei Dank«, seufzte sie. »Alles in Ordnung, Papa kann kommen. Heute kann er wirklich zufrieden sein.«

»Hoffentlich«, brummte Tobi.

Anna meinte: »Der findet doch immer etwas zum Motzen, wetten?«

»Rede nicht so über deinen Vater«, sagte Mutti leise. »Er meint es doch nicht so.«

»Aber er tut es!«, sagte Anna böse. »Gestern hat er Tobi verhauen, nur weil seine Turnschuhe noch im Wohnzimmer lagen!«

»Aber heute liegt nichts im Wohnzimmer, und das Essen ist auch rechtzeitig fertig. Wirklich, es ist alles in Ordnung!«

»Nichts ist in Ordnung, Mutti«, sagte Anna leise. »Und du weißt das.«

Ratlos sahen sie sich an.

»Ich will nicht immer Angst haben müssen«, sagte Anna leise.

Ein Auto hielt an der Garageneinfahrt.

»Papa kommt. Schnell, das Essen auf den Tisch!«

Eilig sausten Mama, Anna und Tobi zwischen Küche und Esszimmer hin und her, und als Papa zur Tür hereinkam, standen die Schüsseln duftend und dampfend auf dem Tisch.

»Hallo«, sagte Papa und gab ihnen einen Begrüßungskuss. »Das riecht ja lecker hier! Hm!«

Mutti strahlte, und auch Anna und Tobi freuten sich.

Das Essen schmeckte prima. Papa erzählte vom Büro, und Mutti, Anna und Tobi hörten ganz aufmerksam zu. »Und wie war euer Tag?«, fragte Papa dann. »Wie war's in der Schule?«

»Prima«, sagte Tobi. »Ich hab eine Eins im Diktat.«

»Und du, Anna?«

»Och, wie immer.«

Papa schlug mit der Hand auf den Tisch. »Wie immer, wie immer!«, schimpfte er. »Kannst du nicht mal was anderes sagen?«

Anna zuckte zusammen und senkte den Blick auf ihren Teller.

»Hast du meinen grauen Anzug aus der Reinigung geholt?«, wandte sich Papa an Mutti. »Ich möchte ihn morgen anziehen.«

Mutti bekam rote Flecken im Gesicht. Entschuldigend sah sie Papa an. »Das ... das habe ich vergessen«, stotterte sie. »Es war heute so viel los, weißt du?« Ihre Hände zitterten. »Möchtest du nicht vielleicht den braunen Anzug anziehen? Er ist frisch gereinigt.«

Papas Gesicht war rot angelaufen. »Was treibst du eigentlich den ganzen Tag?«, schrie er und sprang auf. »Ich schufte und schufte für euch, und ihr macht euch einen schönen Tag!«

»Ich habe auch geschuftet«, sagte Mutti leise. Sie nahm ihre Gabel und wollte weiteressen, doch Papa war schneller. »Auch noch frech werden!«, schrie er. »Dir werd' ich's zeigen!« Dann schlug er auf Mutti ein, wieder und wieder. Er schlug, schrie und brüllte.

»Wie ich dich hasse!«, schrie Tobi.

»Lass Mutti in Ruhe!«, schluchzte Anna.

Und dann blutete Mutti am rechten Auge. In einem kleinen Rinnsal lief das Blut an ihrer Wange hinunter.

»Mutti, du blutest!«, heulten Anna und Tobi.

Mutti schwieg. Still saß sie da. Ihre Augen blickten ins Leere.

»Ich bin ein Idiot. Ein vollkommener Idiot.« Mit gesenktem Kopf saß Papa auf seinem Stuhl. »Entschuldigt. Das habe ich nicht gewollt. Was ist nur mit mir los? Es tut mir leid, wirklich. Glaubt mir bitte!«

Er begann zu weinen.

Und Mutti saß da und schwieg.

Blind vor Wut

Tim ist wütend auf seine Eltern. Immerzu nörgeln sie an ihm herum. Nichts kann er ihnen recht machen.

»Ihr seid gemein!«, schreit er. »Ich will euch nicht mehr sehen! Nie mehr!« Schimpfend rennt er aus dem Haus. Am liebsten würde er wild um sich hauen. »Blöder Mist!«, tobt er und läuft auf die Straße. Er sieht nicht nach links und nicht nach rechts. Er sieht nicht die rote Ampel, nicht das Motorrad, auch nicht die Leute, die ihm aufgeregt zuwinken. Blind vor Wut läuft er weiter.

Auf einmal ist Tim in einer anderen Welt. Schön ist es hier, hell und freundlich. Hier zanken seine Eltern nicht, in der

Schule schreibt er eine Eins im Diktat, und seine Freunde wählen ihn zum Boss. Toll! Es ist, als würde Tim auf einer Wolke aus Zuckerwatte über dieser Wunderwelt schweben, und er fühlt sich sehr wohl dabei. Doch dann ist da auf einmal wieder dieses Dunkel. Aufgeregt reißt Tim die Augen auf, doch er kann nichts sehen.

»Wo bin ich? Was ist los?« Tim will aufspringen.

»Bleib ganz ruhig, Tim!«, sagt eine freundliche Stimme.

»Ruhig? Warum? Wo bin ich?«, heult Tim. »Was ist passiert?«

»Du hast einen Unfall gehabt«, sagt die Stimme, »doch hab keine Angst. Alles wird wieder gut!«

»Aber warum ist es so dunkel hier?«, fragt Tim ängstlich. Doch darauf gibt die Stimme keine Antwort. »Versuch zu schlafen«, sagt sie nur.

Irgendwann schläft Tim wieder ein, doch der Traum von der schönen Wolkenwelt kommt nicht wieder. Tim träumt dunkel.

Auch der nächste Morgen ist nicht hell für Tim. Als er aufwacht, sind seine Eltern bei ihm.

»Du musst tapfer sein, Tim«, sagt sein Vater. Dann erzählen die Eltern von dem Unfall, vom Krankenhaus und von der Augenoperation, und dass Tim nun einen dicken Verband vor seinen Augen hat.

»Es ist so dunkel«, schluchzt Tim. »Ich graule mich.«

Die Eltern trösten ihn. »Es wird alles wieder gut.

»Bestimmt?«, flüstert Tim.

»Ja, ganz bestimmt.«

Zuerst ist da noch die Angst, doch Tim gewöhnt sich an das Dunkel. Wenn er alleine ist, malt er sich helle, freundliche Bilder aus. Er sieht seine Eltern, die Freunde und Lehrer, und er stellt sich vor, wie es sich in der Wolkenwelt aus einem Traum lebt. Eigentlich langweilig, denkt er. Viel zu zuckerwatteklebrigsüß.

Nein, alles soll so bleiben wie es ist, und er wird nie wieder »Ich will euch nicht mehr sehen!« sagen. Schließlich hat alles zwei Seiten, so wie Licht und Dunkel.

Endlich kommt der Tag, an dem der Verband entfernt wird.

Tim hat Angst. Wird er wieder sehen können? Nun ist der Verband weg. Tim aber hält die Augen fest geschlossen. Er mag sie nicht öffnen. Was ist, wenn er nur Dunkel sieht?

»Los, Tim! Mach die Augen auf! Willst du uns nicht sehen?«

Alle reden sie auf ihn ein: die Ärzte, die Schwestern, die Eltern. Und Tims Herz klopft laut und immer lauter.

»Tim! Sieh doch mal!«

Da wagt er es. Er blinzelt und öffnet langsam die Augen. Oh, wie schön! Fast wie im Traum! Da stehen sie und lächeln ihn an, die Sonne scheint, auf dem Nachttisch steht ein Strauß bunter Blumen und alles ist so freundlich und hell. Licht. Sonne. Lächeln.

»Juhu«, schreit Tim. »Ich kann sehen!«

Jule und der Tag des Lächelns

»Uääh!«, heult Papa beim Aufwachen vor Schreck auf.
»Hilfe!«
Ein riesig großes, rundes, mondgelbes Grinsgesicht bau-
melt über seinem Bett. Papa glaubt seinen Augen nicht zu
trauen. »Was ist denn das?«
»Ein Lachgesicht«, sagt Jule fröhlich. »Wir spielen heute
Amerika, und dort ist einmal im Jahr die Woche des
Lächelns!«

»Hä?« Nichtsbegreifend und morgenmuffelig starrt Papa Jule an. »Amerika? Lächeln? So früh am Morgen?«

Jule nickt. »Den ganzen Tag sollen alle lächeln. Das tun die Leute in Amerika eine ganze Woche lang, und ich will das heute auch einmal haben!«

»Was?« Papa begreift wieder einmal überhaupt nichts.

»Das Lächeln eben!«, sagt Jule geduldig. »Wie das Gesicht über deinem Bett.

Papa versucht, ein Grinsen auf sein müdes Gesicht zu zaubern. »Und du meinst, wir sollen nun den ganzen Tag nichts anderes tun als grinsen?«, fragt er hilflos.

Jule muss lachen. »Eigentlich reicht es, wenn du heute nicht brummelig guckst und wenn wir lustige Sachen machen und viel Spaß dabei haben. Das wünsch' ich mir!«

»Okay!«, sagt Papa seufzend. »Du hast Recht. In letzter Zeit ist's ein bisschen stressig bei uns gewesen. Machen wir uns heute einen schönen Tag mit viel Spaß!«

»Und mit viel Lachen!«, ruft Jule. Jubelnd saust sie aus dem Zimmer und fällt – plumps – über Dirks Dreirad. »Aua!«, heult sie laut los. »Blöder Dirk! Mein Knie tut so weh!«

»Lächeln, Jule!«, ruft Papa aus dem Schlafzimmer. »Heute ist der Tag des Lächelns!«

Was bleibt Jule da anderes übrig?

Mutti hat es satt

Eines Tages war Mutti fort. Sie kam einfach nicht vom Büro nach Hause. Ohne uns etwas zu sagen war sie weggegangen und hatte uns alleine gelassen. Einfach so. Sie wollte auch nicht mehr zu uns heimkommen.

»Ich habe es satt«, sagte sie zu Vati am Telefon. »Nichts als Stress und Ärger habe ich mit euch. Jeder denkt nur an sich. Ja, und das mache ich jetzt auch.«

Sie sagte noch einiges über Vati und uns, über ihren Chef und ihre Arbeit, über unser altes Haus und den viel zu großen Garten. Ja, sie sagte so viel, dass Vati irgendwann überhaupt nichts mehr antwortete. Er sah nur sehr blass aus.

Ein schöner Schreck! Da saßen wir nun, Vati, Lena und ich, und wussten nichts mit uns anzufangen. Mutti fehlte uns so schrecklich. Noch nie war sie von uns fort gewesen. Ach, wir hatten sie ja so lieb!

»Wir sind schuld«, heulte Lena, »wo wir ihr doch den dummen Stress gemacht haben!«

Vati nickte. »Ein bisschen schon.«

»Du hast sie aber auch oft geärgert«, riefen wir.

Vati sah uns erstaunt an. »I-i-ich?«, fragte er und dachte erst einmal nach. »Ja«, sagte er und wurde noch blasser. »Ihr habt Recht. Ach, ihr habt ja so Recht!«

Und so hatten wir alle ein schlechtes Gewissen, wenn wir an Mutti dachten. Und wir mussten oft an sie denken. Eigentlich immer. Sie fehlte uns ja so.

»Du musst Mutti zurückholen«, drängten wir Vati.

Doch der schüttelte nur traurig den Kopf. »Sie will nicht«, sagte er leise.

»Aber hat sie uns denn nicht mehr lieb?«

Vati zuckte mit den Schultern. »Ich glaube schon.«

»Wir werden auch ganz doll auf sie aufpassen«, rief Lena. »Und ärgern werden wir sie nie mehr!«

»Ja, und wir werden ihr ganz viel helfen! Damit sie keinen Stress mehr mit uns hat!«

Ganz fest nahmen wir uns vor, alles anders zu machen, wenn Mutti nur erst wieder daheim wäre.

Dann endlich fuhr Vati zu Mutti, um mit ihr zu reden. »Aber rede richtig mit ihr«, sagten wir. »Und sie soll wieder heimkommen! Unbedingt, hörst du?«

Vati nickte und fuhr mit sehr viel Herzklopfen davon. Wir blieben bei Frau Will, unserer Nachbarin, und das war eigentlich nicht schlecht. Frau Will konnte spannende Geschichten erzählen, von früher und von den Pflanzen im Garten, von den Bäumen und Tieren, und von Geistern natürlich: Das war prima, und wir vergaßen ein bisschen unseren Kummer. Kochen konnte Frau Will auch. Viel besser als Vati, der immer so komische Körnerrezepte ausprobierte. Da schmeckte es uns bei Frau Will viel besser. Und Kuchen gab es auch jeden Tag, mit Zuckerguss und Schokoladestückchen.

Wenn Frau Will kochte, sahen wir ganz aufmerksam zu. Wir wollten all die guten Rezepte lernen, damit wir für Mutti kochen konnten, wenn Vati erst einmal mit dem Reden fertig war und Mutti wieder heimgebracht hatte. Und Frau Will erklärte uns viele Kochtricks. Sie zeigte uns, wie man Kuchen und Puddings, Schweinebraten und Würstelgulasch, Knödel und Pfannkuchen, Spaghettisoße und viele andere leckere Sachen zubereitete. Das machte Spaß, und nach ein paar Tagen konnten wir schon richtig gut kochen.

Eines Abends riefen Oma und Opa an und fragten, ob sie uns besuchen dürften.

»O ja«, rief Lena aufgeregt. »Wir haben auch eine Überraschung für euch.«

Wir beschlossen, für Oma und Opa das Schokoladen-kuchenrezept von Frau Will auszuprobieren. Außerdem wollten wir Würstelgulasch und Reis kochen.

Voller Eifer standen wir am nächsten Morgen in der Küche und kochten und rührten und schnippelten und backten. Es war ganz schön viel Arbeit, doch Frau Will half uns ein bisschen. Den Schokoladenkuchenteig aber rührten wir ganz alleine an, und damit es ein rechter Schokoladenkuchen wurde, gaben wir doppelt so viel Schokolade und ein paar Löffel Nutella in den Teig. Der schmeckte dann toll süß.

Ich musste an Vati denken. »Vati wird sich vor unserem Kuchen graulen. Wo er doch Süßes nicht mag!«

Lena zuckte die Achseln. »Der muss ihn ja auch nicht essen«, sagte sie. »Der muss nur reden. Mit Mutti.«

»Und Mutti heimbringen!«, rief ich.

Wir schufteten mächtig an diesem Morgen, und endlich war unser Essen vorbereitet, das Geschirr gespült, und der Kuchen backte im Ofen langsam vor sich hin. Als wir uns gerade von dieser schweren Kocharbeit erholen wollten, klingelte das Telefon. Es war Vati.

»Wir sind in 20 Minuten daheim«, sagte er, »Mutti und ich!«

Mutti würde heimkommen? »Jippi-eh«, schrie ich so laut in den Telefonhörer, dass Vati bestimmt die Ohren dröhnten. »Jippi-eh! Hurra! Wir freuen uns. Bis gleich!«

»Bis gleich«, schrie auch Lena.

Wir waren ganz aufgeregt! »Sollen wir ihnen entgegenlaufen?«, fragte Lena.

»Gute Idee«, rief ich, »und unterwegs pflücken wir ein paar Blumen für Mutti.«

Schnell rannten wir los, pflückten am Wegrand einen dicken Margeritenstrauß und freuten uns riesig. Dann, endlich, sahen wir unser Auto um die Kurve biegen.

Es wurde eine lange Begrüßung. Wir hatten uns ja so viel zu erzählen! So saßen wir eine ganze Weile am Wegrand und erzählten und küssten und umarmten uns. »Jetzt sind wir wieder eine richtige Familie«, sagte Lena.

»Ja«, rief ich schnell, »aber eine Familie ohne Stress!«

»Und ohne Ärger!«, sagte Vati und grinste Mutti an.

Da mussten wir alle lachen, und fröhlich fuhren wir heim. Als wir in unsere Straße einbogen, mussten wir gleich wieder lachen. Da stand Opa nämlich steif und zittrig auf dem Fensterbrett und versuchte, durch das Fenster in unser Haus einzubrechen. Oma stand auf der Straße und redete mit Händen und Füßen auf ihn ein. Das sah vielleicht komisch aus!

»Oje«, rief Lena. »Oma und Opa! Die haben wir ja ganz vergessen!«

Im gleichen Momemt fiel mir der Kuchen im Backofen ein. »Und den Schokoladenkuchen«, rief ich entsetzt, »haben wir auch vergessen!«

Wie der Blitz rasten wir ins Haus, während Vati Opa vom Fensterbrett rettete.

In der Küche roch es qualmig und verbrannt, und unser Kuchen sah wie ein kleiner stinkender Klumpen aus. Ein schöner Schreck!

»Unser schöner Kuchen!« Ich konnte nicht anders, ich musste einfach heulen vor Enttäuschung.

Auch Lena war den Tränen nahe. »Unsere schöne Überraschung ist futsch«, jammerte sie.

Das fing ja gut an für Mutti. Ob dies nun schon wieder ein neuer Stress für sie war? Doch Mutti lachte nur, als sie uns jammernd in der Küche sitzen sah. Und mit dem schönen süßen Schokoladenkuchen war es zwar nichts mehr, doch unser Würstelgulasch schmeckte allen sehr gut. Sogar Vati, der in letzter Zeit nur noch dieses gesunde Körnerzeugs essen wollte, langte tüchtig zu. »Schokoladenkuchen«, sagte er und lud sich den Teller noch einmal mit Gulasch voll, »hätte ich sowieso nicht gemocht.«

Wer anderen eine Grube gräbt ...

Pia und Paul ärgerten sich schrecklich über Papa. »Am Samstag machen wir wieder mal einen richtig schönen Spieletag!«, hatte er ihnen versprochen. Die ganze Woche hatten sich Pia und Paul auf den Samstag gefreut. Aber nun saß Papa schon seit Stunden vor dem Fernseher und sah sich ein Tennismatch an.

»Der doofe Fernseher!«, grollten die beiden. Wütend hockten sie in ihrer Dachbodenhöhle und überlegten, wie sie Papa vom Fernseher wegtricksen konnten. Aber es wollte ihnen einfach nichts einfallen.

Dumpf starrte Pia vor sich hin und zählte die Dachlatten. »Was ist das eigentlich für eine Schnur, die da aufs Dach führt?«, fragte sie plötzlich.

»Nur das Stromkabel für die Satellitenschüssel«, brummte Paul uninteressiert.

»Und was ist, wenn sie keinen Strom kriegt?«, fragte Pia und musste plötzlich grinsen.

Auch Pauls Gesicht hellte sich auf. »Das«, meinte er, »werden wir gleich hören!« Er zog das Kabel aus der Steckdose.

Und schon hörten sie es: Lautes Fluchen und Schimpfen dröhnte vom Wohnzimmer herauf. »Immer, wenn es am spannendsten ist, gibt die Glotze den Geist auf!«, tobte Papa.

»Jetzt wird er erst einmal auf den Knöpfen der Fernbedienung herumdrücken!«, kicherte Paul. »Und dann haut er mit der Faust auf den Fernseher.«

»Dann sucht er den Werkzeugkasten!«, freute sich Pia.

»Ja, und dann steht er mit dem Schraubenzieher vor dem Fernseher und denkt erst einmal nach!«, prustete Paul vor Lachen.

»Oje«, meinte Pia. »Armer Papa.«

Die beiden machten sich erst einmal aus dem Staub. Nicht auszudenken, wenn Papa sie jetzt auf dem Dachboden erwischte! Und so gingen sie auf den Hof und spielten eine Runde Federball. »Er wird bestimmt bald kommen und mitspielen«, meinte Paul zuversichtlich.

»Federball ist ja auch fast wie Tennis«, stimmte Pia zu.

Das meinte Papa auch, als er wenig später tatsächlich im Hof auftauchte und mit ihnen Federball spielte. Den Fernsehärger schien er vergessen zu haben. Es wurde ein toller Nachmittag, und sie spielten und tobten alle drei so richtig zum Müdewerden im Hof herum.

»Federball macht Spaß!«, sagte Papa, als es schon langsam dunkel wurde. »Spielen wir noch eine Runde?«

Paul schüttelte bedauernd den Kopf. »Geht nicht. Gleich kommt *Der kleine Vampir* im Fernsehen. Den darf ich nicht verpassen.«

»Ich auch nicht!«, rief Pia, die vor lauter Spielen ihren geliebten kleinen Vampir fast vergessen hätte.

Papa wiegte den Kopf. »Das tut mir jetzt aber leid für euch«, sagte er, und um seine Augen zeigten sich viele kleine Lachfältchen. »Unser Fernseher ist kaputt.«

Michi, Papa und die fremde Frau

»Ich hab Papa gesehen!«, erzählt Michi.

»Fein«, meint Mutti und teilt die Suppe aus. »Dann wird er ja gleich zum Essen kommen.«

»Nein«, sagt Michi. »Der hat jetzt keine Zeit.«

»Hat er gesagt, er käme später?«, fragt Mutti. Michi schüttelt den Kopf.

Angi kichert. »Du hast Papa gar nicht gesehen, stimmt's? Kleiner Schwindler!«

Angi und Mutti lachen, und Michi schimpft: »Ihr seid doof!«

»Wo hast du ihn denn gesehen?«, fragt Mutti.

»In der Talstraße«, sagt Michi.

»Was hat er denn da gemacht?«, wundert sich Mutti.

»Er hat eine Frau umarmt«, sagt Michi und löffelt seine Suppe aus.

»Eine Frau umarmt?«, rufen Mutti und Angi.

Michi freut sich. Jetzt glauben sie ihm endlich – und wie! Angi ist blass geworden, und Mutti hat rote Flecken im Gesicht.

»Und w-was hat er dann gemacht?«, stottert Mutti.

»Dann hat die Frau Papa einen Kuss gegeben«, erzählt Michi.

»Ei-einen Kuss?« Muttis Flecken im Gesicht werden noch roter.

Michi nickt und hält ihr seinen Teller hin. »Gibt es noch was zu essen?«

»Spinnst du?«, schreit Angi. »Wie kannst du jetzt bloß ans Essen denken?«

Michi versteht überhaupt nichts mehr. Er hat doch Hunger!

»Wer war die Frau?«, flüstert Mutti.

»Weiß nicht«, sagt Michi.

»Wie sah sie denn aus?«

»Sie hatte tolle Haare!«

»Soso!« Muttis Stimme wird lauter. »Und wie alt war sie?«
Michi sieht seine Mutter abschätzend an. »Alt«, meint er.
»Vielleicht auch nicht.«

»So alt wie ich?«, drängt Mutti.

Michi beginnt sich zu langweilen. »Bestimmt«, meint er
und hält seinen Teller wieder hin. »Ich hab wirklich Hunger!«

»Da!« Wütend knallt Mutti Schnitzel und Reis auf Michis
Teller. »Mir ist der Appetit vergangen!« Dann fängt sie an
zu schimpfen: über Vati, über das Umarmen, überhaupt
über alle Männer. »Na, der kann was erleben!«, wütet sie.
Michi schüttelt den Kopf. Warum sind Mutti und Angi
bloß so sauer?

Da endlich kommt Papa. »Hallo, ihr Lieben!«, ruft er fröhlich. »Hattet ihr einen schönen Tag?«

»Ja!«, ruft Michi und hängt sich zur Begrüßung an Papas
Hals.

»Und wie«, brummt Angi, und Mutti flötet: »Wunderschön!«

Papa wundert sich. »Was ist denn mit euch los? Ist euch
ein Geist begegnet?«

»Etwas Ähnliches, Schatz.« Muttis Stimme klingt eisig.

»Ich habe auch einen Geist gesehen!«, meint da Papa und
lacht. »In der Talstraße. Das war vielleicht witzig.«

»Ei ... einen Geist?«, stottert Mutti.

»Witzig?«, stammelt Angi.

»Einen richtigen Geist?«, ruft Michi aufgeregt.

»Naja, nicht direkt«, gibt Papa zu. »Nur die Frau Schmitz.
Stellt euch vor, die hat mich mitten auf der Talstraße geküsst – vor allen Leuten, nur weil ich ihr verlorenes Portmonee gefunden habe!«

»Geküsst ...?«

»Die olle Schmitz? Aber die ist doch mindestens 70 Jahre alt!«

»Und hat lila Haare!«

Angi und Mutti starren Papa fassungslos an.

»Es ... es war ihr aus der Tasche gefallen. Das P-port-monee!« Jetzt fängt auch Papa an zu stottern. »W-was ist denn daran so komisch?«

»Ach«, lacht Mutti. »Nur so!«

»Ja«, kichert Angi, »genau!«

Und dann können sie nicht mehr aufhören zu lachen, bis auch Papa mitlachen muss, obwohl er nicht weiß warum. Michi schüttelt nur den Kopf. ›Die spinnen heute alle‹, denkt er. ›Komisch.‹

Nie mehr Geschwister ...

Wenn Jan Langeweile hat, besucht er Jule im Nachbarhaus. Hier ist immer etwas los, denn Jule hat zwei Brüder und zwei Schwestern. Als Jan heute kommt, ist wieder mal eine heftige Streiterei im Gange. »Geschwister sind eine Plage«, sagt Jule zu Jan. »Nichts als Ärger hat man mit ihnen.«
Jan nickt, doch als Einzelkind kann er wenig dazu sagen. »Du hast's gut«, seufzt Jule und starrt auf Jans neues T-Shirt mit dem Bären drauf. »Wenn ich einen Wunsch frei hätte, würde ich mir wünschen, mit meinen Eltern alleine zu sein. Ohne Geschwister. Das wäre klasse.«

Erschrocken starrt Jan Jule an. Alleine will sie sein? Wo er sie doch so sehr um ihre Geschwister beneidet!? »Also, ich würde mich über Geschwister freuen«, sagt er leise.

»Du spinnst«, heult Jule auf. »Mit Schwestern und Brüdern gibt's nur Streit, überall schnüffeln sie herum, ich muss die ollen Klamotten von meiner Schwester anziehen, meine Eltern haben nie für mich alleine Zeit, und alles muss ich mit meinen Geschwistern teilen.«

Ganz aufgeregt ist Jule, und Jan weiss nicht, was er sagen soll. »Allein sein«, versucht er es vorsichtig, »ist oft ganz schön langweilig.« Er zupft an seinem T-Shirt. »Und Klamotten kaufen gehen auch. Da hast du es viel bequemer.«

»Meinst du?«, fragt Jule zweifelnd.

Jan nickt eifrig. »Aber ja. Und das mit dem Teilen ist doch eine tolle Sache. Wenn eure Eltern abends ausgehen, könnt ihr euch die Angst vorm Dunkeln teilen. Und wenn Verwandte zu Besuch kommen, ist es praktisch, wenn man all die Küsserei und Fragerei nicht alleine abkriegt. Also, ich würd' da schon gerne teilen.«

Da muss Jule lachen. »Wie wär's, wenn wir uns meine Geschwister teilen?«, schlägt sie noch immer lachend vor.

»Tun wir doch schon die ganze Zeit!«, lacht auch Jan. »Deshalb besuche ich dich doch so oft!«

Rache ist süß

Evi, Kathrin, Kai und Kurt waren auf dem Weg zur Eisbude. Da tauchte plötzlich Berti auf. »Achtung!«, warnte Kai. »Der dicke Berti!«

Schnell versteckten sich die vier hinter einem Auto. Auf den dicken Berti konnten sie heute verzichten. Zwei Stunden lang hatten sie in Oma Bartls Garten Unkraut gejätet und sich ihr Eis redlich verdient, während sich der dicke Berti wie immer vor der Arbeit gedrückt hatte. Doch zu spät! Berti hatte sie entdeckt. Ungewöhnlich flink rannte er auf ihr Versteck zu.

»Was macht ihr denn?«, fragte er lauernd.

»Oh, nichts Besonderes!«, brummte Kurt.

»Und wohin geht ihr?«

»Eigentlich nirgendwohin! Wir langweilen uns nur so herum! Mit uns ist heut' einfach nichts anzufangen!«

So leicht aber ließ sich Berti nicht abschütteln. »Spielen wir Ball?«, fragte er.

Verlegen sahen sich die Freunde an.

»Ach nöö!«, murmelte Evi.

»Und wie wär's mit Abschlagen?«

»Keine Lust!«, knurrte Kurt.

Berti ließ nicht locker. Noch vieles schlug er vor, aber er hatte heute kein Glück.

Auf einmal fing Kai an zu grinsen. »Wir spielen Verstecken!«, bestimmte er. »Und Berti fängt mit dem Zählen an!«

Verstecken? Jetzt? Und was war mit dem Eis? Zuerst wollten Evi, Kathrin und Kurt protestieren, doch als sie Kais freches Grinsen sahen, begriffen sie, was er vorhatte.

»Verstecken!«, rief Evi. »Eine tolle Idee!«

Kurt nickte. »Darauf hatte ich schon die ganze Zeit Lust, ihr auch?«

»Und wie!«

Da freute sich der dicke Berti, und ein Leuchten ging über sein Gesicht. Er klatschte in die Hände, lehnte sich gegen die Hauswand, schloss die Augen und rief: »Also los, ich zähle bis 20!«

»Nein, lieber bis 50«, sagte Kai schnell. Und während Berti zählte, machten sich die vier aus dem Staub.

»Das haben wir prima hingekriegt!«, freute sich Kurt, als sie in Sicherheit waren. »Für eine Weile ist Berti beschäftigt!«

»Jetzt können wir unser Eis genießen.«

Kichernd rannten sie zur Eisbude, doch irgendwie schmeckte das Eis nicht ganz so gut wie sonst.

Den dicken Berti sahen sie erst am nächsten Tag wieder. Er tat etwas Ungewöhnliches: Er grub ein Loch! Damit war er so beschäftigt, dass er sich durch nichts stören ließ. Böse schien er wegen der Sache mit dem Versteckspiel nicht zu sein. Er nickte den Freunden freundlich zu und grub weiter.

»Was treibst du hier eigentlich?«, fragte Kai nach einer Weile neugierig. »Suchst du einen Schatz oder was?«

Berti nickte und grub weiter. »Alte Römermünzen«, murmelte er geheimnisvoll.

»Römermünzen?«, staunte Kathrin.

Berti nickte. »Wisst ihr denn nicht«, fragte er, »dass hier einmal eine Römervilla gestanden hat?«

Was für eine Neuigkeit! Die vier Freunde staunten, und Kai fragte Berti vorsichtig, ob sie ihm vielleicht beim Graben helfen sollten. »Du musst dich doch nicht alleine damit abschuften, oder?«

Berti war von dieser Idee begeistert. »Prima!«, freute er sich und machte es sich im Gras bequem.

Und während er sich ausruhte, gruben die Freunde ein tiefes Loch. Sie gruben und schufteten, und wirklich, es war nicht umsonst.

Da war nämlich plötzlich etwas im Boden! Es fühlte sich hart an.

»Eine Kiste!« Aufgeregt drängelten sich Evi, Kathrin, Kai und Kurt um das Loch. »Toll! Berti, du hattest Recht!«

Berti aber war verschwunden. »Ausgerechnet jetzt!«, murrte Kai.

»Wir können die Kiste ja schon mal rausholen!«, schlug Kurt vor.

Die Mädchen aber hatten Bedenken. »Nein«, sagten sie. »Es ist Bertis Schatz! Wir müssen auf ihn warten!«

Berti aber kam und kam nicht. Schließlich hielten es Kai und Kurt vor Neugierde nicht mehr aus. Hastig hievten sie die geheimnisvolle Kiste aus dem Loch und zerrten an dem erdverkrusteten Schloss. Es ging ganz leicht auf. Ein Wunder, wo doch die Kiste schon seit vielen hundert Jahren in der Erde lag!

Erwartungsvoll starrten Evi, Kathrin, Kai und Kurt in die Kiste. Was die Römer darin wohl verborgen hatten? Doch Pustekuchen! Nichts! Die Kiste war leer!

»So ein Mist!«, maulte Kai. »Alles umsonst.«

Die vier Schatzgräber waren enttäuscht.

»Aber da liegt doch etwas!«, rief Evi, die die Kiste noch einmal genauer untersucht hatte. »Sieht aus wie eine kleine Schriftrolle!«

»Au ja! Bestimmt ist es ein Schatzplan!«

Schnell rollte Evi den Zettel auf, und wirklich, da stand etwas geschrieben! »Lies vor!«, drängten die anderen, und Evi begann vorzulesen. Ihre Stimme klang zuerst sehr feierlich, dann aber wurde sie leise und leiser:

»Römer«, las Evi vor, »hat es hier nie gegeben. Rache ist süß – aber Eis ist süßer. Kommt zur Eisbude. Ich lade euch ein! Zur Versöhnung ...!«

Der kleine Herr Zank macht einen Frühlingsspaziergang

Seit drei Tagen hatte der kleine Herr Zank seine Wohnung nicht verlassen. Er hatte keinen Besuch bekommen, sein Telefon hatte nicht geläutet. Drei Tage ohne Zank und Streit! Der kleine Herr Zank war unruhig geworden. »Das ist ja nicht zum Aushalten«, brummte er. »Irgendjemanden muss ich heute zum Streiten finden!«

Er zog sich Hut und Mantel an und trat nach draußen. Aber nanu? Erstaunt blinzelte er in die Sonne. »Motzblitz! Was für ein herrlicher Frühlingstag!«, rief er. »Viel zu schön zum Streiten!«

Leider musste er sich wegen der Sonne die Augen reiben und stolperte über Hexi, den Dackel der Hausmeisterin. Hexi heulte, und die Hausmeisterin schrie: »Können Sie nicht aufpassen, Sie Trottel?«

»Was fällt Ihnen ein?«, brüllte der kleine Herr Zank zurück.

Da wurde die Hausmeisterin rot im Gesicht und begann sich gewaltig zu ärgern. Der kleine Herr Zank merkte das nicht. Er beugte sich zu Hexi hinunter, kraulte sie hinter den Ohren und flüsterte: »Tut mir leid, Hexi!«

Dann spazierte er weiter. Weil er sich in der Frühlingssonne so wohlfühlte, begann er vor sich hin zu pfeifen. Er pfiff und trillerte und vergaß vor lauter Vergnügen, die Nachbarsdamen Müller und Maier zu grüßen. »Ein schrecklich unhöflicher Mensch!«, beschwerte sich Frau Maier.

Frau Müller zuckte mit den Schultern. »Sonst ist er eigentlich ganz nett«, sagte sie, und ihre Stimme klang schnippisch, weil sie sich über das ewige Meckern von Frau

Maier ärgerte. »Sie sollten Ihr böses Lästermaul im Zaum halten!«

Das saß! Im Nu hatten die beiden Damen den schönsten Streit.

Der kleine Herr Zank schlenderte unterdessen ahnungslos weiter. Er begann sogar sein Gute-Laune-Lied zu singen: »Trink, trink, Brüderlein, trink, lass deine Sorgen zu Haus ...« Er sang und drehte sich im Kreis, und es dauerte nicht lange, da hörte ihn Herr Hopps und kam aus seinem Garten geeilt. Er fasste den kleinen Herrn Zank an den Händen, und dann tanzten sie einen Walzer über den Bürgersteig.

Plötzlich erschien Frau Hopps am Fenster, und ihre Stimme klang überhaupt nicht fröhlich.

»Du bist wohl betrunken!«, rief sie böse. »Komm sofort ins Haus! Was sollen denn die Leute denken, du alte Schnapsnase!«

Da war die gute Laune des Herrn Hopps wie weggeblasen. Er fing an, lauthals mit seiner Frau zu streiten.

Der kleine Herr Zank aber spazierte weiter und genoss den schönen Tag. Da sah er auf der anderen Straßenseite eine sehr alte Dame mit zwei schweren Einkaufstaschen stehen. »Das kann man ja nicht mit ansehen!«, rief der kleine Herr Zank. Er rannte über die Straße. »Darf ich Ihnen Ihre Last abnehmen?«, fragte er, und ehe die sehr alte Dame antworten konnte, trug er bereits ihre Taschen. »Hilfe, hilfe, ein Dieb!«, rief die sehr alte Dame erschrocken. »So helft mir doch!«

Sie schrie so laut, dass die Leute von allen Seiten herbeigeeilt kamen. Zwei kräftige Männer packten den kleinen Herrn Zank und rissen ihm die Taschen aus der Hand. Der kleine Herr Zank wusste nicht, wie ihm geschah. Er wollte etwas sagen, doch die Leute schrien in einem fort: »Dieb! Lump! Holt die Polizei!«

Erst als Wachtmeister Starke herbeigeeilt war, konnte der kleine Herr Zank erklären, dass er doch nur hilfsbereit hatte sein wollen. Und weil der Wachtmeister den kleinen Herrn Zank vom Schachklub kannte, glaubte er ihm.

Die Leute machten misstrauische Gesichter. »Das kann jeder sagen! Faule Ausrede!«, brummten einige.

»Nein, er sagt die Wahrheit!«, riefen andere. »Wo es doch heutzutage so wenig Hilfsbereitschaft gibt!«

Ein Wort gab das andere, und plötzlich war eine große Streiterei im Gange.

Der kleine Herr Zank machte sich auf den Heimweg. Der Schreck saß ihm in den Gliedern, und er wollte rasch nach Hause. Der schöne Frühlingstag interessierte ihn nicht mehr.

Unterwegs traf er das Ehepaar Hopps, das sich immer noch zankte. Er begegnete den Damen Müller und Maier, und komisch, die stritten auch immer noch. Auch die Hausmeisterin schien keine Lust zu haben, seinen Gruß zu erwidern. Nur Hexi lief ihm schwanzwedelnd entgegen. Der kleine Herr Zank schüttelte verwundert den Kopf. Warum waren an diesem schönen Tag alle nur so unfreundlich?

»Ich habe heute doch gar keinen Streit gesucht«, wunderte er sich.

Kopfschüttelnd kehrte er in seine Wohnung zurück und schloss die Tür.

Inhalt

Die Deutsche Bibliothek – CIP-Einheitsaufnahme

Bräunling, Elke:
Muffelbär und Spielverderber:
Geschichten vom Streiten und Versöhnen /
erzählt von Elke Bräunling. Mit Zeichn. von
Ines Rarisch. –
Limburg : Lahn-Verl., 1999
ISBN 3-7840-2717-2

© 1999 Lahn-Verlag, Limburg
Lektorat: Ursula Mock, Anne Voorhoeve
Litho: Pre Press Service, Montabaur
Satz: Schröder Media, Dernbach
Druck und Bindung: Industrie Poligrafiche Friulane, Maniago
Printed in Italy
Abdruck, auch auszugsweise, nur mit Genehmigung des Verlags.

ISBN 3-7840-2717-2